글 김성화·권수진

부산대학교에서 생물학, 분자생물학을 공부했습니다. 《과학자와 놀자》로 창비 좋은어린이책 상을 받았습니다. 첨단 과학은 신기한 뉴스거리가 아니라 물리 법칙으로 가능한 과학 세계의 이야기라는 것을 들려주려고 '미래가 온다' 시리즈를 쓰기 시작했고, 지금까지 《미래가 온다, 로봇》, 《미래가 온다, 나노봇》, 《미래가 온다, 뇌 과학》, 《미래가 온다, 바이러스》, 《미래가 온다, 인공 지능》, 《미래가 온다, 우주 과학》, 《미래가 온다, 게놈》, 《미래가 온다, 인공 생태계》가 출간됐습니다. 《고래는 왜 바다로 갔을까?》, 《과학은 공식이 아니라 이야기란다》, 《파인만, 과학을 웃겨 주세요》, 《우주: 우리우주에 무슨 일이 있었던 거야?》, 《지구: 넓고 넓은 우주에 기적이 하나 있어》, 《뉴턴》, 《만만한 수학: 점이 뭐야?》 등을 썼습니다.

그림 이강훈

서울대학교 산업디자인과에서 시각디자인을 공부한 뒤, 책과 잡지, 광고 등 여러 매체에 그림을 그렸습니다. 작품을 표현해 내는 개성과 기법이 다양하고 뛰어난 일러스트레이터입니다. 지금까지 그린 책으로는 《고령화 가족》, 《독신남 이야기》, 《한국 괴물 백과》, 《왜 나는 너를 사랑하는가》 등이 있으며, 어린이를 위해 그린 책으로는 《재판을 신청합니다》, 《나는 어떤 어른이 될까요?》, 《인류학자가 자동차를 만든다고?》, 《천하무적 박치기왕》, '괴도 20가면' 시리즈 등이 있습니다. 또 《도쿄 펄프픽션》, 《나의 지중해식 인사》 등을 통해 자신이 생각하고 느낀 세상을 글로 썼습니다.

미래가 온다 바이러스

와이즈만 BOOKs

미래가 온다 바이러스

1판 1쇄 발행 2019년 10월 30일 | 1판 14쇄 발행 2024년 2월 5일

글 김성화 권수진 | 그림 이강훈 | 발행처 와이즈만 BOOKs

발행인 염만숙 | 출판사업본부장 김현정 | 편집 원선희 양다운 이지웅
기획진행 임형진 | 디자인 권석연 | 마케팅 강윤현 백미영 장하라

출판등록 1998년 7월 23일 제1998-000170 | 제조국 대한민국
주소 서울특별시 서초구 남부순환로 2219 방배나노빌딩 5층
전화 마케팅 02-2033-8987 편집 02-2033-8983 | 팩스 02-3474-1411
전자우편 books@askwhy.co.kr | 홈페이지 mindalive.co.kr | 사용연령 8세 이상
ISBN 979-11-87513-84-1 74500 979-11-87513-57-5(세트)

ⓒ 2019, 김성화 권수진 이강훈 임형진
이 책의 저작권은 김성화, 권수진, 이강훈, 임형진에게 있습니다.
저자와 출판사의 허락 없이 내용의 일부를 인용하거나 발췌하는 것을 금합니다.

이 도서의 국립중앙도서관 출판시도서목록(CIP)은 서지정보유통지원시스템 홈페이지(http://seoji.ni.go.kr)와
국가자료공동목록시스템(http://www.ni.go.kr/kolisnet)에서 이용하실 수 있습니다.(CIP제어번호 : CIP2019024638)

와이즈만 BOOKs는 ㈜창의와탐구의 출판 브랜드입니다.
KC마크는 이 제품이 공통안전기준에 적합하였음을 의미합니다.
이 도서는 한국출판문화산업진흥원 '2019년 우수출판콘텐츠 제작 지원' 사업 선정작입니다.

미래가 온다
바이러스

김성화·권수진 글 | 이강훈 그림

우리는 작아. 후 불면 날아가 버려.
하지만 우린 겁 없는 녀석들!
사자도, 괴물도, 그 무엇도 시시해.
우리는 누구에게도 먹히지 않아.
커다란 덩치도, 날카로운 이빨과 발톱을 들이대도,
우리에게는 그저 코웃음 거리일 뿐.
우리는 이 세상 모든 생물을 내 집처럼 들락거려.
우리는…… **바이러스**야!
우리를 그려 보라고 하면 어떤 애는 소심하게 점을 찍어.
어떤 애는 줄을 찍 긋고, 어떤 애는 화난 도깨비를 그리지.
하지만 너는 이렇게 묻는구나.

이런! 나도 그게 궁금해.
나는 무얼까?
동물일까? 아니야……. 식물일까? 아니야…….
벌레일까? 아니야! 혹시…… 우리는 돌일까?
우리는 바이러스!
인간들이 붙여 준 그럴 듯한 이름이 있지만,
이름만으로는 부족해.
내가 정말 무엇인지 알지 못해.
우리는 살아 있는 것도, 죽은 것도 아니야.
생물도, 무생물도 아니야.
그런 게 세상에 있다고?
있지! 우리는 바이러스 군단이야.

차례

01 바이러스 행성 09

02 바이러스의 정체 21

03 바이러스 복제 공장 27

**04 바이러스가 어떻게
   지구에 나타났을까?** 41

**05 너의 몸 속에
   바이러스 유전자가 있어!** 49

06 바이러스를 꼬치꼬치 알아야 해! 59

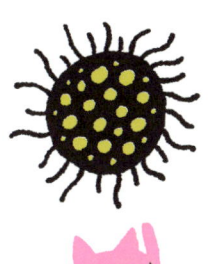

07 세균의 천적 박테리오파지 73

08 바이러스 죽이기 81

09 돌연변이 바이러스가 나타났다! 93

10 판데믹이 온다! 101

11 인공 바이러스 만들기 113

12 바이러스는 인간의 적일까? 123

01 바이러스 행성

지구는 바이러스로 가득 차 있어! 여기저기에 바이러스가 떠다녀!

어디?

어디?

바이러스는 아주아주 많아. 공기 중에 있고, 땅속에 숨어
있고, 바다에 흘러 다녀. 학교, 놀이터, 마룻바닥, 세면대,
길거리, 자동차, 떡볶이 가게……. 어디에나 바이러스가 있어.
네가 이불 속에서 뒹굴 때 바이러스 수천 개가 너에게
달라붙을걸. 너는 바이러스와 함께 학교에 가고, 바이러스와
함께 밥을 먹고, 바이러스와 함께 잠이 들어.
지구에 바이러스가 얼마나 많을까?
"얼마나 많은데?"
그걸 알아보려고 1989년에 노르웨이의 베르겐 대학교
연구팀이 바닷물을 조금 떠서 전자 현미경으로
들여다보았어.

우글우글~

우글우글~

우글우글~

이게 뭐야!

우글우글~

우글우글~

우글우글~

우글우글~

1밀리리터 물방울에 바이러스 2억 5천만 개가 있었어!
바닷물 한 숟갈 속에 바이러스가 우글우글 우글우글!
과학자들은 지구에 있을 바이러스를 계산해 보고 깜짝
놀랐어. 바이러스를 모두 모아 한 줄로 늘어놓으면
그 길이가 2억 광년이라는 거야!
"2억 광년? 그게 얼마만큼이야?"
지구를 떠나 화성, 목성, 토성, 천왕성, 해왕성을 지나
태양계 너머 은하들 너머 머나먼 우주까지
바이러스 줄이 기다랗게 이어진다는 거야.

주위를 두리번거려 봐.
바이러스가 지구에 우글거려! 너와 함께 지구에 있어.

지구는 바이러스 세상이야!

우웩!

바이러스가

바이러스가 아무리 많아도 너는 바이러스를 볼 수 없어!
공기 알갱이를 볼 수 없는 것처럼 바이러스는 보이지 않아.
"휴, 다행이야!"
바이러스는 너무 작아.
바이러스를 상상하려면 마법의 문을 열어야 해.
끼익.
보여? 개미가 사자만큼 크게 보이는 세상이야. 너는 까맣고 다리가 6개 있는 괴물이 개미라는 걸 알아챌 거야.
계속 걸어가. 문이 또 하나 있어.
끼익. 열었어?
여긴 세균들이 우글거려. 하지만 너는 세균을 알아보지 못해. 세균은 너무 작아서 너는 그걸 제대로 본 적이 한 번도 없거든.
계속 걸어가. 문이 또 하나 있어.
숨을 크게 쉬어. 됐어. 문을 열어!
끼익!

마법의 문을 열고, 열고, 열고…….

울룩불룩 뾰족뾰족 쪼글쪼글 성게 모양, 벌레 모양, 고슴도치 모양……. 수많은 바이러스들이 너의 콧속으로 입속으로 들락날락하고 있어!
"에취!"

바이러스가 생각을 할 수 있다면, 자기가 돌이라고
생각할 거야.
"왜?"
바이러스는 아무 일도 안 하고, 아무 짓도 못 해.
그런데도 바이러스는 괴물이 되었어. 바이러스가 수없이
복제되고, 살아 있는 모든 것들에 스멀스멀 전염돼.
사람들은 바이러스가 병을 일으킨다고 무서워 해.
감기, 인플루엔자, 사스, 에볼라, 조류 독감, 메르스, 수두,
간염, 뇌염, 광견병, 에이즈……. 수많은 병들이 바이러스
때문에 생겨.

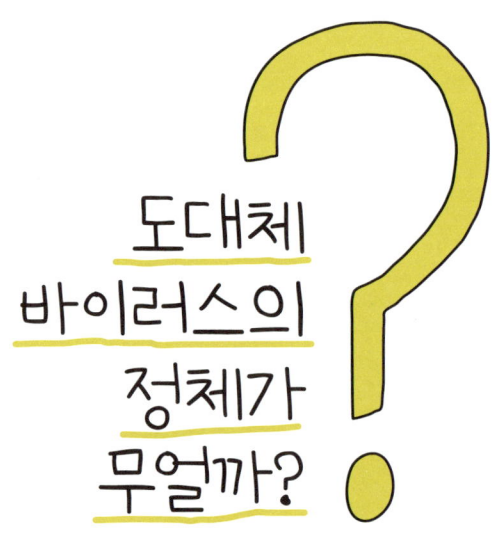

도대체 바이러스의 정체가 무얼까?

바이러스는 지구의 수수께끼야!

바이러스는 이 세상 어떤 생물하고도 닮지 않았어.

바이러스와 비교하면 너와 곰팡이는 너무너무 너무너무 비슷해!

"말도 안 돼!"

"나랑 곰팡이가 뭐가 닮았어!"

너는 먹고, 자라고, 움직이고, 숨을 쉬어.

곰팡이도 그런 걸 한다니까!

세균도 그런 걸 해!

"곰팡이가 숨을 쉬어?"

"세균이 자란다고?"

그렇다니까!

그런데 바이러스는 그런 걸 하나도 못 해.

바이러스는 아무것도 안 해! 돌멩이 같아!

바이러스는
움직이지 않아!
숨 쉬지 않아.
먹지 않아.
조금도
자라지 않아!

"그럼 뭐야?"

"살았어? 죽었어?"

살지도 않고, 죽은 것도 아니야.

생물도 아니고, 무생물도 아니야.

그런데도 무언가를 해.

바이러스 한 개가 백 개가 돼. 만 개가 돼.

바이러스가 엄청나게 불어나!

바이러스는 생물보다 더 빨리, 더 많이, 숫자가 불어나!

03 바이러스 복제 공장

바이러스는 기다려! 기다리는 것처럼 보여!

무얼?

어느 날 홀연히 바이러스 한 개가 수십 만 개로 불어나!
자기와 똑같은 바이러스가 수없이 복제되는 놀라운 순간이 다가와!
바로 그때야. '돌멩이' 바이러스가 살아 있는 생물처럼 보이는 순간이야. 바이러스가 번식해!
"어떻게?"
바이러스를 만드는 공장이 있어!
"바이러스 공장?"
바이러스 공장에서 자꾸자꾸 바이러스를 만들어. 이 세상에 바이러스가 많은 건, 이 세상에 바이러스 공장이 많기 때문이야! 바이러스 한 개가 바이러스 공장으로 들어가면, 바이러스 공장이 그걸 똑같이 복제해. 대량 생산이야!
"100원에 바이러스 억만 개를 준다고 해도 나는 절대 안 살 거야."
바이러스 공장은 사람이 만든 게 아니야.
하지만 아주아주 많이 있어!

너의 몸에는 **세포**들이 아주 많아.
세포 한 개 한 개가 바로
바이러스 공장이야!

세포는 이렇게 생겼어.
뼈와 근육, 피부, 뇌와 심장……
모두 모두 세포로 되어 있어.

바이러스는 바로바로 세포를 기다려!

바이러스는 세포 속에서 괴물이 돼!
바이러스가 너의 몸속으로 들어가. 공기에 실려, 물에 실려, 세포로 들어가는 거야.
바이러스는 세포를 볼 수 없고, 아무 짓도 하지 않아.
그런데도 무슨 일인가 일어나.
둘이 닿기만 해도 철컥! 세포가 열려!

바이러스와 세포는 서로서로 자물쇠와 열쇠 같아.

바이러스는 껍데기 모양이 우툴두툴해. 세포도 껍데기 모양이 울퉁불퉁해. 어쩌다가 딱 맞는 짝을 만나!

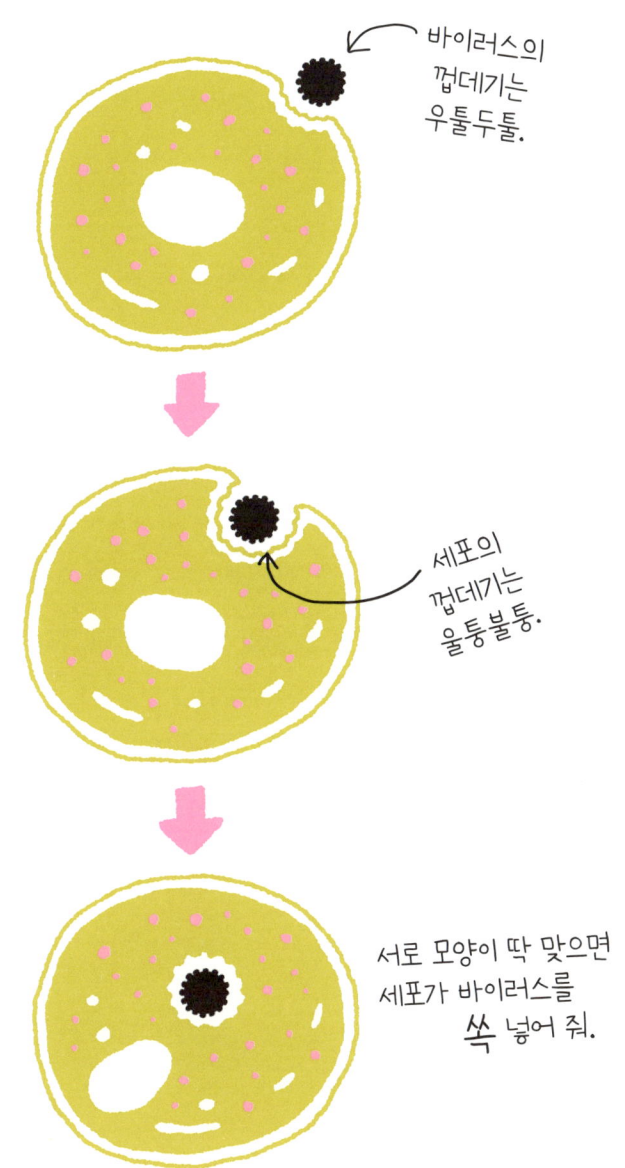

바이러스가
세포 속으로 들어가는 걸
감염이라고 불러.

어떤 바이러스는 동물 세포에만 들어갈 수 있어. 어떤 바이러스는 식물 세포에만 들어갈 수 있어. 어떤 바이러스는 세균에만 들어가.
곰팡이 바이러스는 기생충에 들어가지 못하고, 물고기 바이러스는 오리에게로 들어갈 수 없어. 세균을 들락거리는 바이러스는 인간 세포에 들어가지 못해.
많은 바이러스가 너의 콧속을 들락날락 너의 몸속으로 들어가지만, 그게 다 세포를 뚫고 들어가는 것은 아니야.
곰팡이 바이러스는 인간에게 병을 일으키지 않아.
세균 바이러스는 인간에게 해를 끼치지 않아.
정말 다행이야!

아무 바이러스가
아무 세포든지
마구 들어갈 수 있다면
큰일이야.

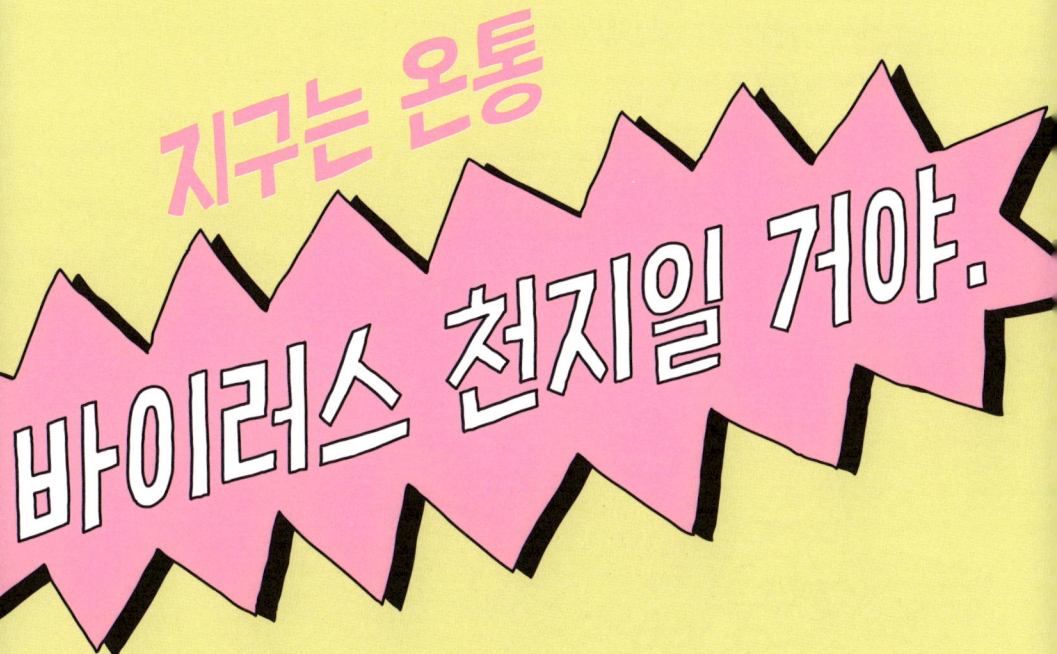

지구는 온통 바이러스 천지일 거야.

딱 맞는 바이러스가 딱 맞는 세포에 들어가면 으악!
감염이야!
세포가 감염되었어! 무슨 일이 벌어질까?
세포 속에서 이상하고 굉장한 일이 일어나.
척척척! 척척척!
세포가 미쳤나 봐.
무엇엔가 홀린 듯 바이러스를 복제해!
세포는 세포를 복제해야 하는데 어떻게 된 거야!
세포가 바이러스를 복제하고 있어!
세포가 바이러스를 위해 일해.
척척척! 척척척!

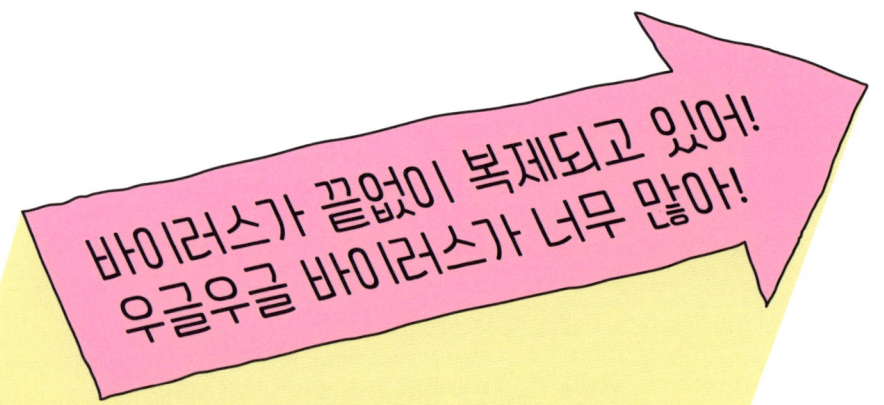

바이러스가 끝없이 복제되고 있어!
우글우글 바이러스가 너무 많아!

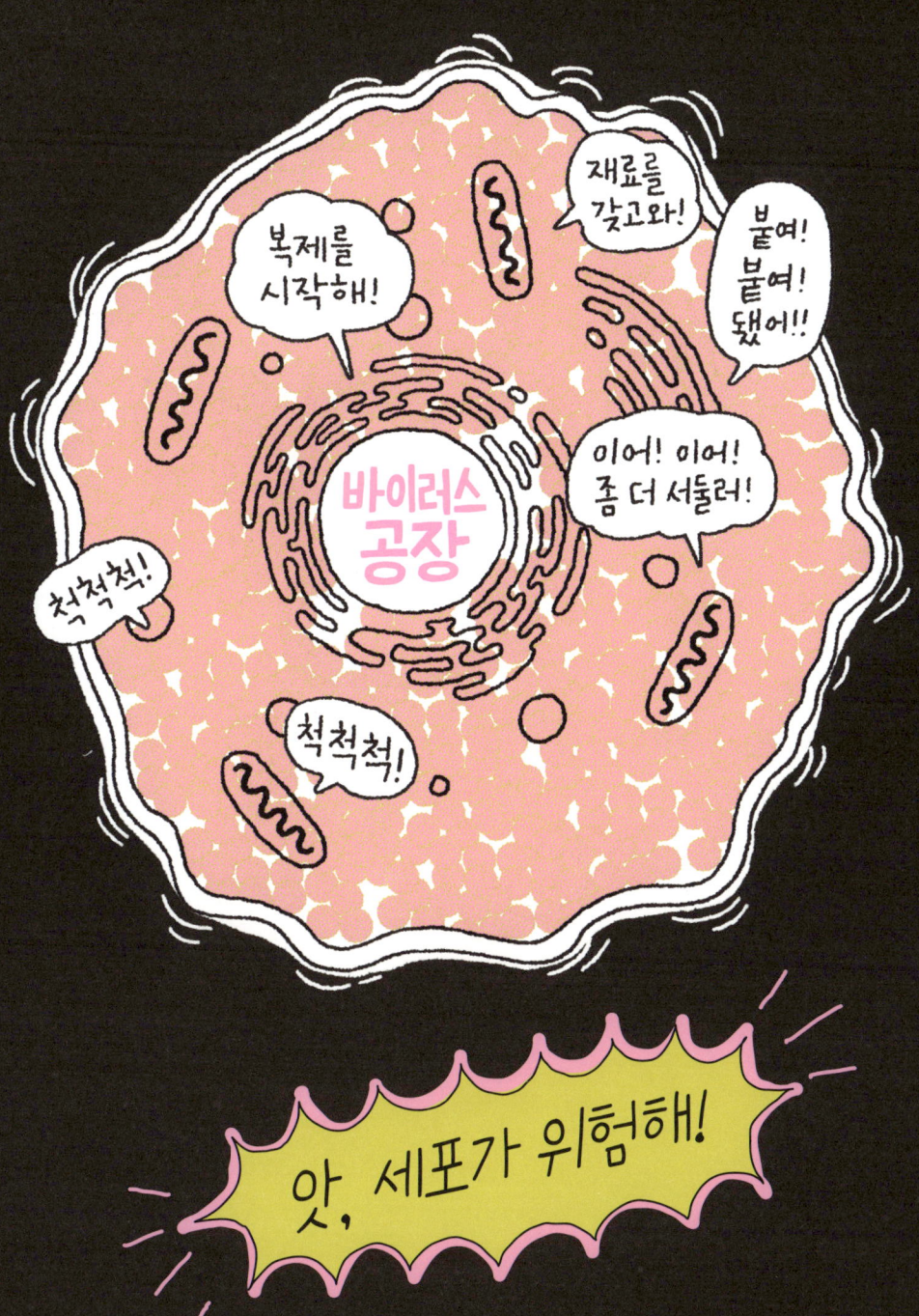

세포가 파괴돼! 세포가 죽어!
바이러스에 감염되면 그래서 네 몸이 아픈 거야. 네가 감기에 걸리는 건, 감기 바이러스가 너의 세포 속에 엄청나게 많아졌기 때문이야. 너의 세포들이 마구마구 파괴되기 때문이야!

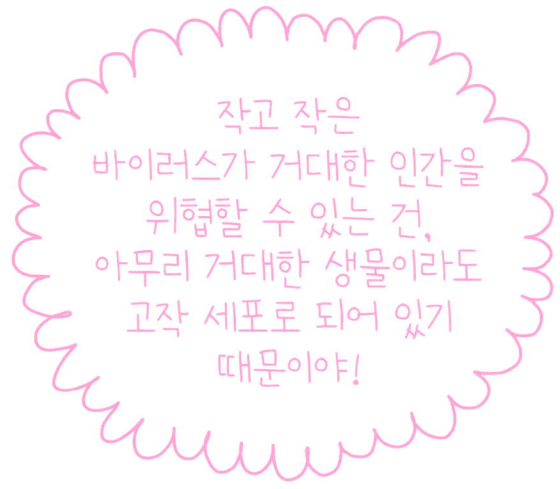

작고 작은 바이러스가 거대한 인간을 위협할 수 있는 건, 아무리 거대한 생물이라도 고작 세포로 되어 있기 때문이야!

너는 딱딱한 시멘트가 아니라, 작고 작은 세포로 되어 있어. 고래부터 세균까지, 바이러스가 세포를 공격해!

04

바이러스가 어떻게 지구에 나타났을까?

바이러스가 맨 처음 어떻게 생겨났을까?
먼지에서 태어났을까? 우주 공간을 떠돌다 지구에
착륙했을까?

과학자들이 그렇게 믿고 있어. 왜냐하면 바이러스는 세포
속에서만 복제될 수 있거든. 세균은 세포 한 개로 되어 있어.
돌멩이 속에 바이러스 백만 개가 들어 있다고 해도
바이러스가 어느 날 돌멩이 속에서 백만 한 개, 백만 두 개가
되는 일은 결코 없어!

옛날 옛날에
바이러스는
세균에서
튀어나왔어.

30억 년쯤 전, 바닷속을 떠다니는 세균 속에 무슨 일인가 일어났어!
"무슨 일이 일어났는데?"
사소하고 굉장하고 우연한 일이 벌어졌어.
바닷속에 세균들이 출렁출렁거려.
세균들이 자꾸자꾸 부딪혀.
번개에 감전되었는지도 몰라.
세균이 찢어져!
뭔가가 튕겨 나와!

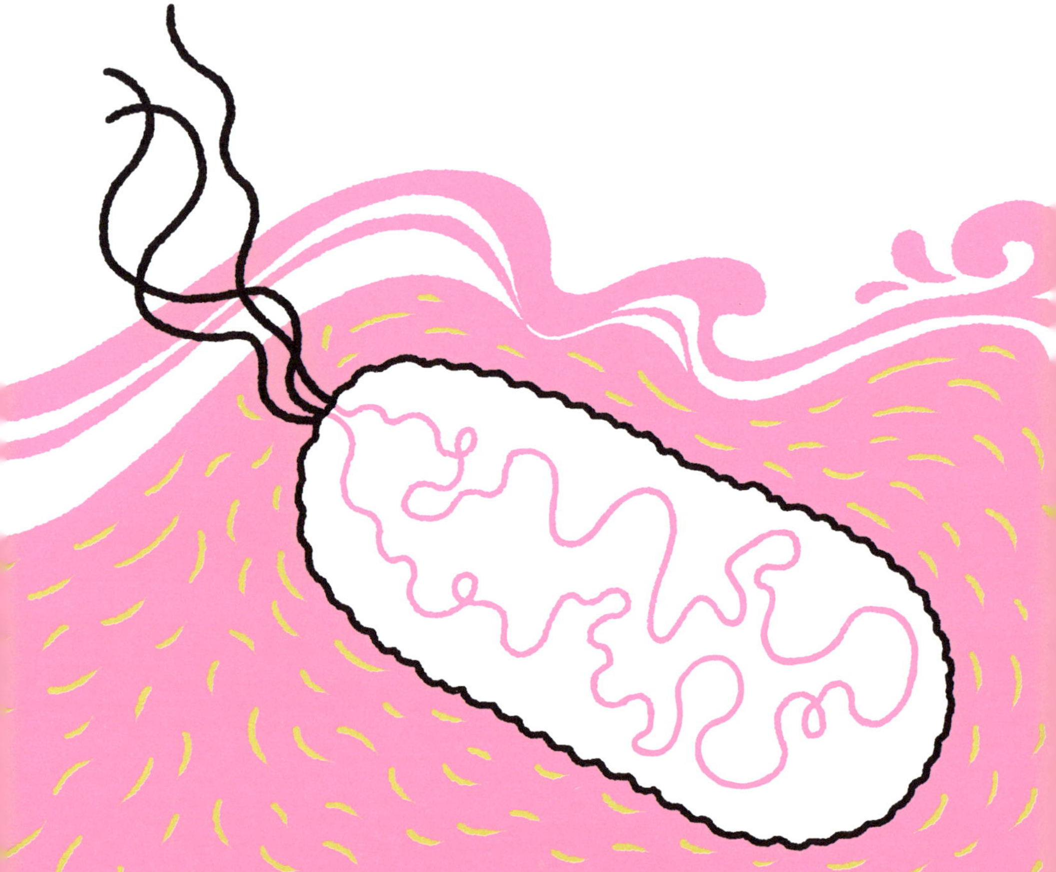

"뭐야?"
울퉁불퉁 껍질이 있고, 껍질 안에 무언가가 꼬불꼬불 있어!

최초의 바이러스야!

바이러스가 바다에 떠다녀.
바이러스는 엄청나게 단순해. 껍데기와 유전자뿐이야.
달랑?
달랑!
껍데기와 유전자만 가지고 바이러스는 30억 년 동안 지구에 살고 있어!
껍데기가 유전자를 감싸고, 유전자는 바이러스의 비밀을 간직하고 있어. 바이러스가 오돌토돌할지 뾰족뾰족할지, 껍데기가 한 겹일지 두 겹일지, 자질구레한 것부터 중요한 암호들까지 유전자에 새겨져 있어.
하지만 유전자만 가지고 바이러스는 아무것도 할 수 없어. 바이러스가 복제되려면 바이러스 유전자가 세균 속에 들어가야만 해. 세균이 바이러스 유전자를 복제하고 껍질을 만들어 주어야만 해.

바이러스는 바다에 둥둥 떠다니다가 세균을 들락날락하다가
차츰차츰 진화했어.
껍데기가 울퉁불퉁해졌어!
뾰족뾰족해졌어!
껍데기가 한 겹이야, 두 겹이야!
껍데기 안에 꼬불꼬불 유전자가 한 가닥 두 가닥!
어떤 바이러스는 세균에 들어가고, 어떤 바이러스는
물고기에 들어가. 세균 뒤에, 물고기 뒤에 수많은 생물이
지구에 생겨났어. 바이러스가 여기저기 들락날락거려. 어떤
바이러스는 식물 세포에 들어가고, 어떤 바이러스는 파충류
세포에 들어가고. 이렇게 수많은 바이러스 종이 탄생했어.
껍데기와 유전자뿐인데, 자그마치 바이러스 100만 종이
지구에 살고 있어!
하지만 바이러스는 아직도 최고로 단순해!

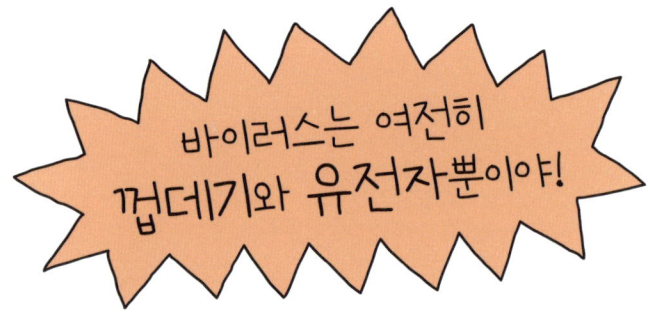

바이러스는 여전히
껍데기와 유전자뿐이야!

05
너의 몸속에 바이러스 유전자가 있어!

너는 부모님에게 유전자를 물려받았어. 그리고 바이러스에게도!

말도 안 돼!

우웩!

"내 몸에 바이러스 유전자가 있다고? 어떻게 된 거야?"
너의 몸속에, 세포 속에 **유전자**가 있어. 먼먼 옛날 바이러스 유전자가 너의 유전자 속에 끼어들었어!
"말도 안 돼!"
바이러스는 너의 세포보다 백만 배쯤 작아. 그래서 유전자도 아주아주 아주아주 작아. 세포의 기다란 유전자에 쏙 들어갈만큼!
먼먼 옛날, 정말로 그런 일이 일어났어!
인간의 머나먼 조상의 유전자 속에 바이러스 유전자 조각이 슬며시 숨어들었어. 그리고 지금까지 인간의 몸속에 살고 있어!

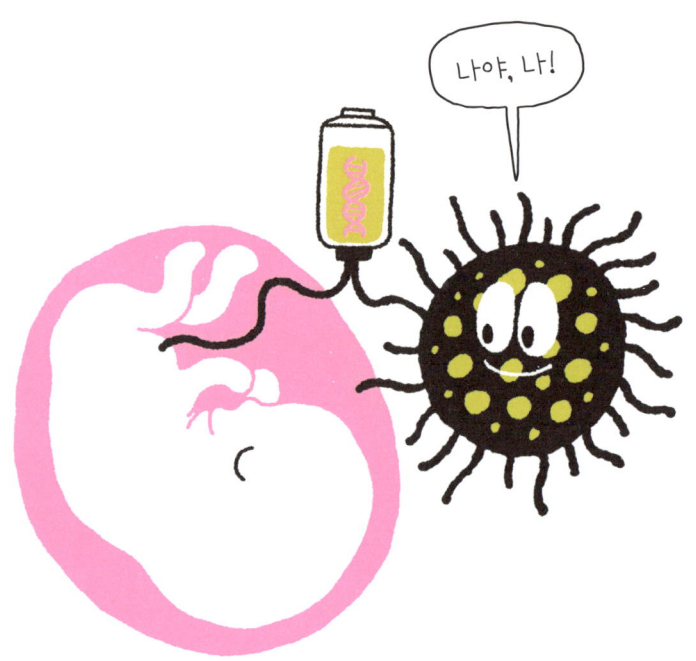

너는 부모님에게서 바이러스 유전자를 물려받았어.
"정말이야?"
그렇다니까!
"그럼 어떡해!"
괜찮아. 오히려 좋은 일이 일어났거든!

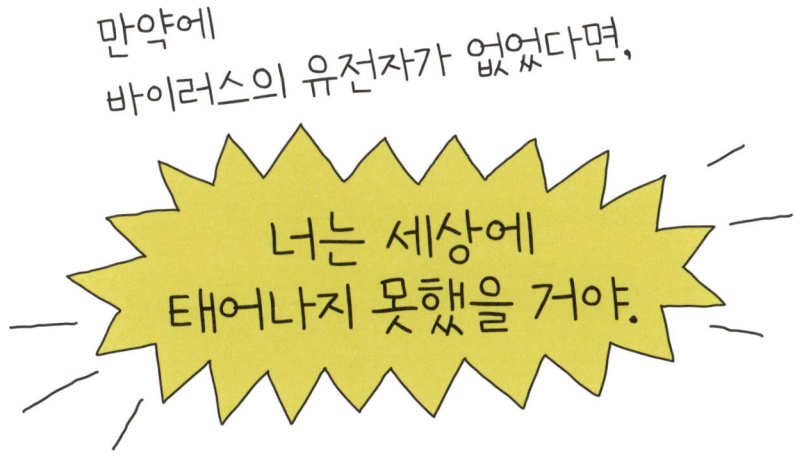

네가 엄마 뱃속의 조그만 아이였을 때, 바이러스의 유전자가 너를 지켜 주었어.
"정말?"

네가 엄마 뱃속에 생겨났을 때, 너는 조그만 알이었어.
엄마 몸의 세포들이 볼 때 너는 위험한 병균과 같아.
"나는 병균이 아니야!"
세포는 그걸 몰라. 세포가 아는 건 네가 원래부터 엄마
몸속에 있던 것이 아니라는 거야. 너를 공격하려고 해.
하지만 아기를 공격하지 않아. 아기가 엄마 자궁의 태반 속에
들어 있기 때문이야! 태반이 아기를 둘러싸고 지켜!
엄마의 자궁 속 태반에는 신사이틴이라는 단백질이 들어
있어. 신사이틴이 없으면 태반이 제대로 생기지 않아.
그런데 이렇게 중요한 신사이틴을 만들도록 명령하는 게
바로바로, 까마득히 오래전에 인간의 몸속에 들어온
바이러스의 유전자라는 거야!

먼먼 옛날
바이러스의
유전자가
인간 세포의
유전자 속에
들어와
지금까지 같이
살고 있어!

우리 몸속에는 우리가 아직 알지 못하는 바이러스 유전자가
또 있을지 몰라. 2003년에 전 세계의 과학자들이 힘을 합쳐
인간의 유전자 지도를 만들었는데, 놀라운 사실을 알게
되었어. 인간의 유전자 중에 8퍼센트가 바이러스의
유전자에서 왔다는 거야!
"헐!"

> 너의 몸속에
> 바이러스의 유전자가 있어!
> 너의 세포 속에서 꼬물꼬물
> 바이러스의 유전자도
> 무언가를 하고 있어.

06 바이러스를 꼬치꼬치 알아야 해!

왜 바이러스 따위를 연구하는 거야!

처음에는 누구의 머릿속에도 바이러스를 연구할 생각이 없었어. 바이러스가 이 세상에 있는 줄 몰랐거든. 그런데 발견했어! 바이러스 같은 건 들은 적도 없고 찾을 수도 없었는데, 바이러스가 이 세상에 있다고 말했어!
"누가?"
마르티뉘스 베이에링크!
"이상한 이름이야."
선생님도 모를걸.
1898년, 베이에링크는 연구실에서 병든 담뱃잎을 연구하고 있었어. 담배밭을 망가뜨리는 병균을 찾고 있었어.

세균이라면 현미경으로 찾을 수 있어. 그런데 아무것도 안 보여. 베이에링크는 담뱃잎에서 수액을 뽑아 거름종이에 통과시켰어. 세균이 통과하지 못할 만큼 촘촘한 거름종이야. 거름종이를 통과한 수액을 싱싱한 담뱃잎에 부었더니 또 병이 들었어!

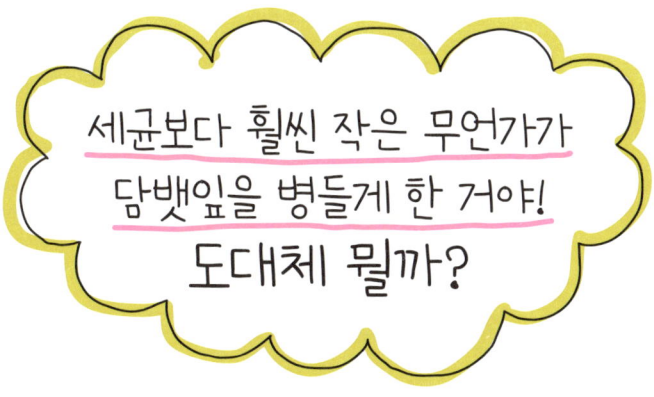

세균보다 훨씬 작은 무언가가 담뱃잎을 병들게 한 거야! 도대체 뭘까?

"독이야?"
아니, 독은 아니야. 독이라면 스멀스멀 담뱃잎을 모두 망가뜨릴 수 없어. 살아 있는 무언가가 퍼져 나가면서 담배밭을 망가뜨리고 있었어.

베이에링크의 연구실

베이에링크는 세균도 아니고, 독도 아니고, 괴상한 무언가가 병을 일으킨다고 믿었어. 한 번도 보지 못했지만 베이에링크는 그걸 '바이러스'라고 불렀어.
하지만 과학자들이 코웃음을 치는 거야.
"왜?"
그때는 모든 생물학자들이 세균에 놀라워하고, 세균이 가장 높은 인기를 누리던 시절이었거든.
베이에링크가 추측하고 40년이 지나, 1938년에 마침내 루스카라는 과학자가 현미경보다 만 배 더 성능이 좋은 전자 현미경으로 그걸 발견했어.

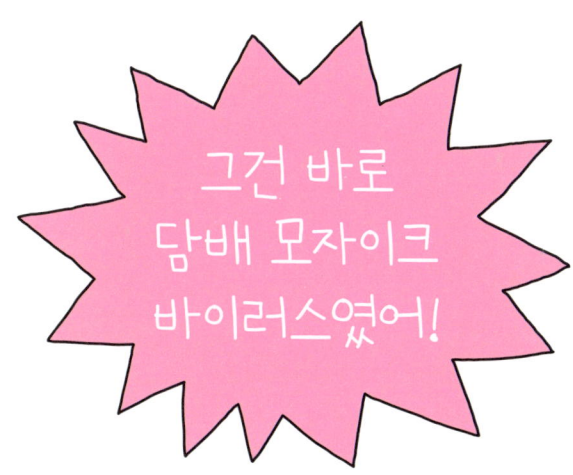

그건 바로 담배 모자이크 바이러스였어!

"바이러스가 정말로 있다고?
그렇다면 꼬치꼬치 연구해 봐야지!"
바이러스에 대해 알려면 바이러스가 많이 필요해.

"땅에서 캐는 거야? 잠자리채로 모아?"
푸하하, 좋은 질문이야!
바이러스는 살아 있는 세포 안에서만 왕성하게 활동하고
불어나. 그러니까 먼저 세포를 키워야 해!

"세포를 어떻게 키워?"

접시에서 키워!

알맞게 따뜻하게, 알맞게 환하게, 알맞게 영양분을 주고 실험 접시에서 세포가 자라고 분열하기를 기다려.

하루쯤 지나면 세포가 엄청나게 많아져. 접시에 세포들이 우글우글해.

이제 세포를 감염시켜!

"어떻게?"

바이러스 몇 마리를 세포에 넣어 줘.

기다려! 바이러스가 불어나는 건 시간 문제야.

세포들이 알아서 바이러스를 복제해 줄 거야!

세포 안에 바이러스가 우글우글.

세포가 터져!

바이러스가 우글우글 튀어나와!

이크! 터진 세포와 바이러스가 마구마구 뒤엉켜 있어.
바이러스를 따로 모아야 해.
하지만 바이러스가 너무 작아. 체로 거를 수도 없고
족집게도 소용없어.
"그럼 어떡해?"
몽땅 시험관에 넣고, 시험관을 원심 분리기에 꽂아!
원심 분리기를 빠르게 돌려!
1분에 5천 번 회전!
원심 분리기는 눈이 핑핑 돌아가게, 엄청나게 빠르게
돌아가는 기계야.
속도를 더 올려. 1분에 2만 번 회전이야! 웽웽웽웽!
가벼운 물질은 위에 뜨고 무거운 물질은 가라앉아.
바이러스가 위쪽에 모여.
한 번 더 걸러!
한 번 더!
한 번 더!
"이제 뭐해?"

이제부터가 진짜 바이러스 연구야! 바이러스를 종류대로 분류해. 새로운 바이러스를 찾아. 유전자를 자르고, 바꾸고, 세포의 유전자에 끼워 넣어. 세포 속에서 무슨 일이 일어나는지 연구해.

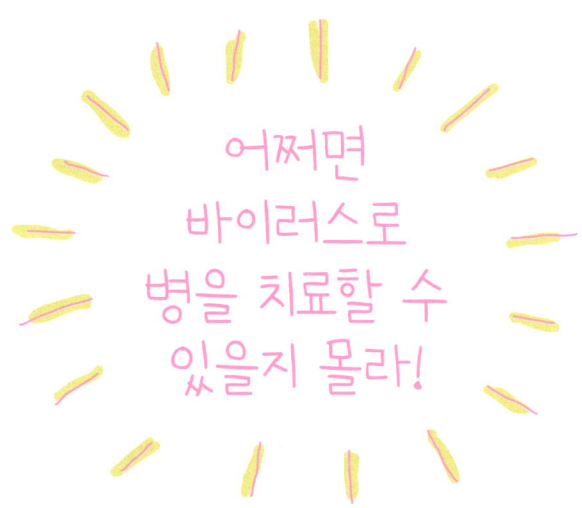

"바이러스는 병균이잖아!"
물론 바이러스 때문에 병에 걸려. 하지만 바이러스로 병을 치료하기도 해. 바이러스가 네 몸을 병들게 하는 기생충과 곰팡이, 세균, 암세포를 파괴해 줘!
"정말?"
정말!

벌써 펜실베이니아 세네카 밸리에 있는 생명 공학 연구실에서 암에 걸린 세포만 파괴하는 바이러스를 발견했어. 세네카 밸리 바이러스는 신경 조직에 생긴 암세포를 공격하고, 건강한 세포에는 들어가지 않아! 정말 고마운 바이러스야!

바이러스 연구에서 가장 인기가 있는 건 뭐니 뭐니 해도 **박테리오파지**야.

"그게 뭐야?"

세균의 천적이야. 세균을 감염시켜.

"바이러스야?"

바이러스야!

박테리오파지는 동물이나 식물은 감염시키지 못해. 세균만 감염시켜. 세균에 들어가 세균을 파괴해. 세균이 있는 곳에는 어디에나 박테리오파지가 있어. 세균을 호시탐탐 노리고 있어. 그래서 지구에 세균이 지나치게 많아지지 않는 거야.

박테리오파지는 세균의 종류만큼 종류가 많아. 어떤 박테리오파지는 동그랗고, 어떤 박테리오파지는 아몬드처럼 생겼고, 어떤 박테리오파지는 달 착륙선처럼 생겼어.

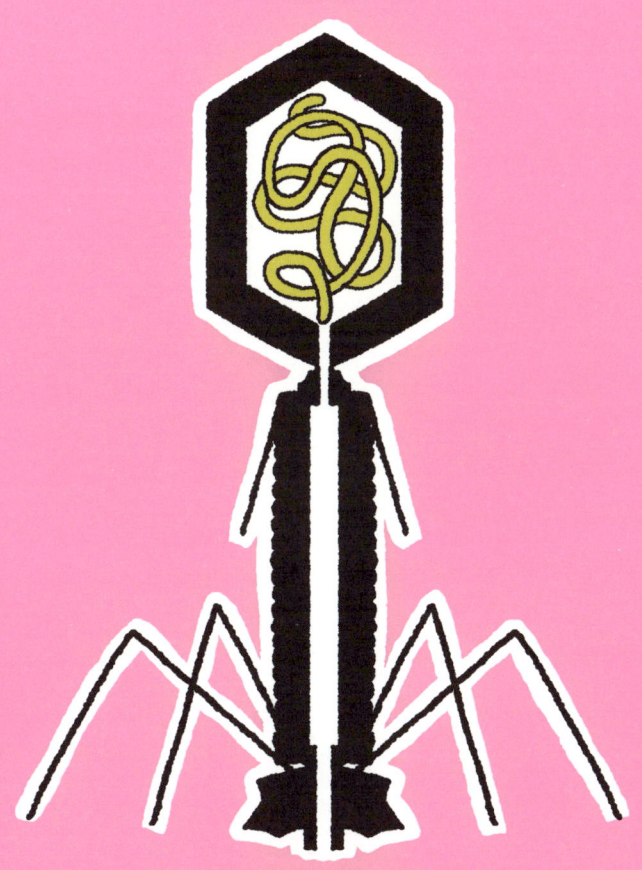

기다려! 머지않아 너의 몸속에 들어가게 될 테니까.
"무슨 말이야?"

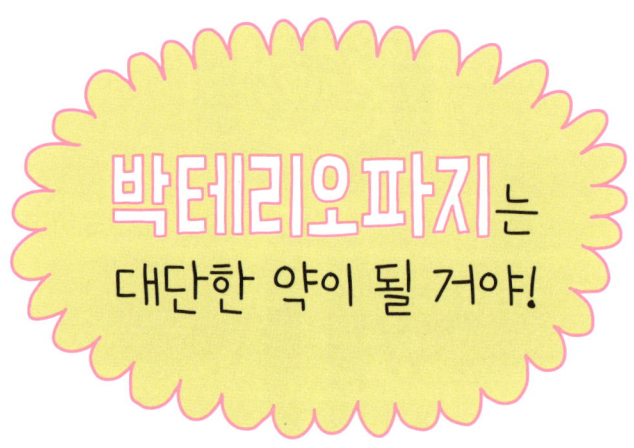

박테리오파지로 세균이 일으키는 전염병을 치료할 수 있어!
콜레라에 걸리면 박테리오파지를 먹는 거야. 의사가
박테리오파지 한 봉지를 처방해. 약국에 가면 박테리오파지
알약을 팔아. 박테리오파지는 값도 싸고, 세포 속에서 저절로
수없이 불어나니까 병이 나을 때까지 한 번만 복용해도 돼.

박테리오파지 주세요!

"박테리오파지로 폐렴을 치료한다고?"
"병에 더 걸리면 어떡해?"
걱정 마. 박테리오파지는 네 몸에 들어가 세균만 공격해. 박테리오파지로 항생제를 대신할 수 있어! 항생제는 세균을 잘 죽이지만 부작용이 많아. 항생제를 마구마구 쓰는 동안 벌써 항생제에 끄떡없는 돌연변이 세균이 진화했어. 어떤 항생제에도 듣지 않는 슈퍼 박테리아가 나타났다고.
"그럼 어떡해?"

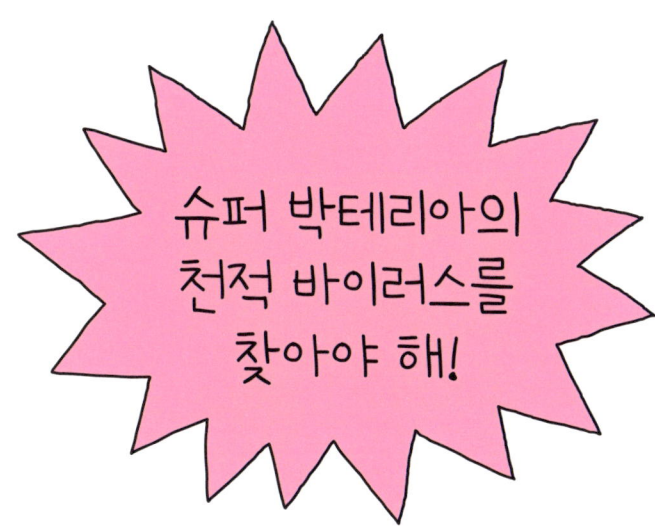

과학자들은 세균의 천적 바이러스를 찾고 있어.
콜레라균, 결핵균, 폐렴균, 식중독균……. 세균들마다 천적 바이러스가 따로 있어. 찾을 수 있을까? 어디에 있을까? 있을지 없을지 모르고, 어떻게 찾을지도 알 수 없어.
콜레라균을 기르면서 천적 바이러스가 어디선가 날아오기를 무작정 기다려야 할까?
자연에는 과학자들이 아직도 모르는 바이러스가 너무 많아. 과학자들은 우리를 괴롭히는 바이러스에 대해서만 이제 겨우 조금 알게 되었어. 인간의 몸에 병을 일으키는 바이러스와 닭, 오리, 돼지, 소와 농작물에 병을 일으키는 몇몇 바이러스에 대해서만 간신히 알게 되었을 뿐이야.
바이러스 과학자들은 아직도 할 일이 너무 많아!

"바이러스는 없어도 돼! 지구에 바이러스가 한 마리도 없었으면 좋겠어!"

그건 이룰 수 없는 꿈이야.

"그럼 내 몸에 안 들어오면 좋겠어."

너에게 완벽한 우주복이 있고, 잘 때도 목욕할 때도 똥 눌 때에도 절대로 안 벗는다면 될지 몰라!

혹시 네가 비누로 손을 잘 씻는다면, 바이러스를 조금은 막을 수 있어.

"비누로 돼?"

물론 꼼꼼히 씻어야 해.

바이러스의 껍데기는 단백질로 되어 있는데, 비누가 그걸 망가뜨려. 바이러스의 껍데기가 녹아서 사라지면 바이러스는 너의 세포로 들어갈 수가 없어. 바이러스의 껍데기와 세포는 열쇠와 자물쇠처럼 꼭 맞는데 열쇠가 녹아 버린 거야.

"휴, 안심이야!"
하지만 바이러스가 벌써 몸속으로 들어가 버린 다음에는 소용없어.

바이러스가 어디 있는지 알고?
바이러스가 벌써 세포 속으로 들어가 버렸을걸. 너무 늦었어!
이제 무엇으로도 바이러스를 무찌를 수 없어!
"왜?"

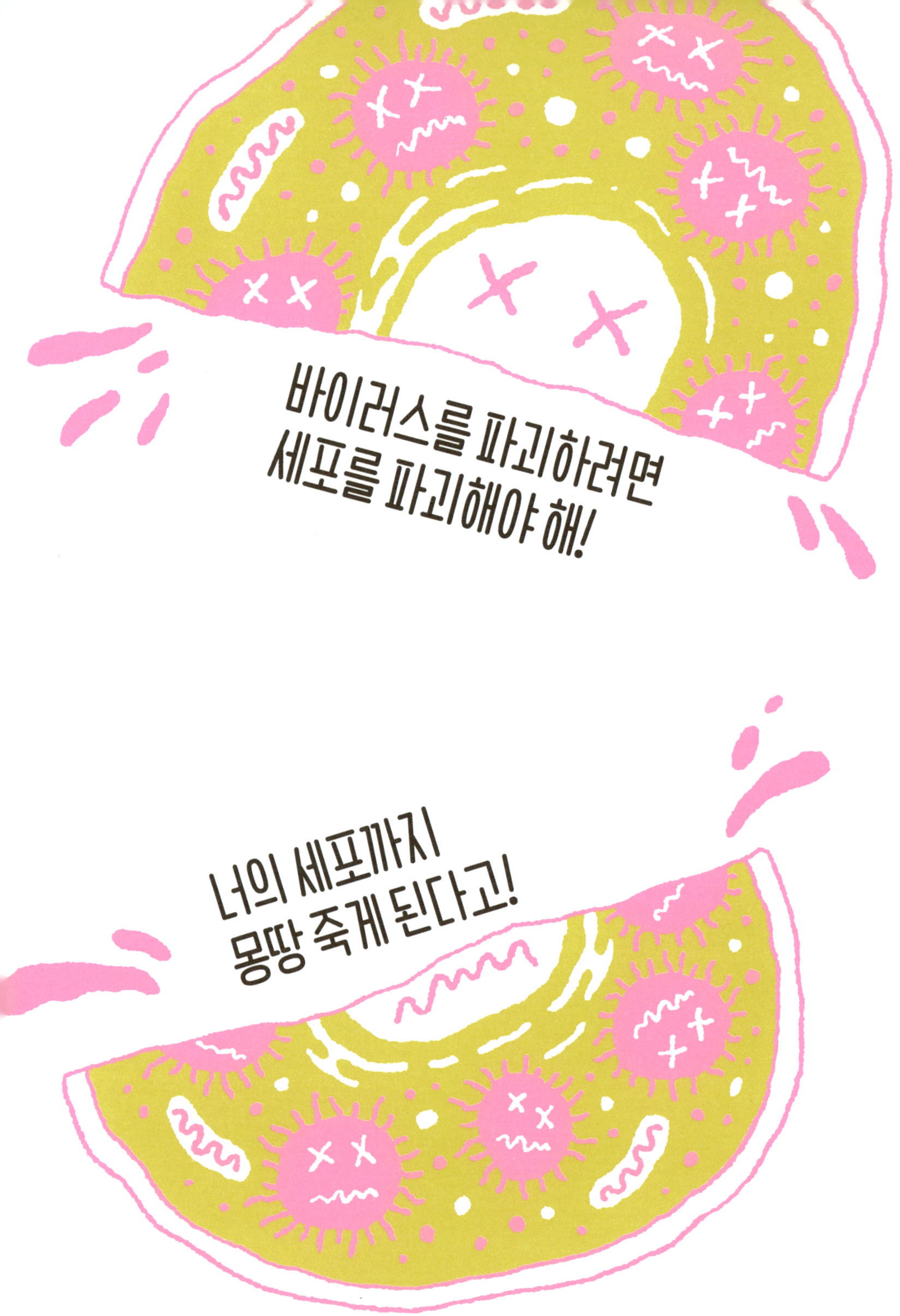

바이러스를 파괴하려면
세포를 파괴해야 해!

너의 세포까지
몽땅 죽게 된다고!

"바이러스만 죽이는 약은 없어?"

없어!

바이러스가 세포 속에 들어 있을 땐 바이러스만 골라서 죽일 수 없어.

아직 과학자들은 세포를 해치지 않고, 바이러스만 골라 죽이는 약을 발견하지 못했어. 로봇을 만들고, 컴퓨터를 만들고, 우주선을 쏘아 올리는 시대에도 세포 안에 숨은 작고 작은 바이러스를 죽이지 못해.

바이러스는 종류가 너무 많아. 그리고 자꾸자꾸 진화해. 간신히 몇 종류 항바이러스 약을 발명해 봐도 바이러스가 벌써 진화해 버려.

"그럼 어떡해?"

좋은 소식을 말해 줄게.

우리 몸은 바이러스를 파괴할 수 있어!

"정말?"

정말!

네 몸의 세포들이 바이러스를 제거해! 세포들은 바깥에서 이상한 이물질이 들어오면 금방 알아채. 그게 '남'이라는 걸 알아! 바깥에서 들어오는 '남'은 위험해! 왜냐하면 그건 대부분 해로운 병균이거든. 몸속 세포들이 병균이 침입한 걸 눈치채고 막아 내는 걸 면역이라고 불러.
"세포가 어떻게 병균을 막아?"

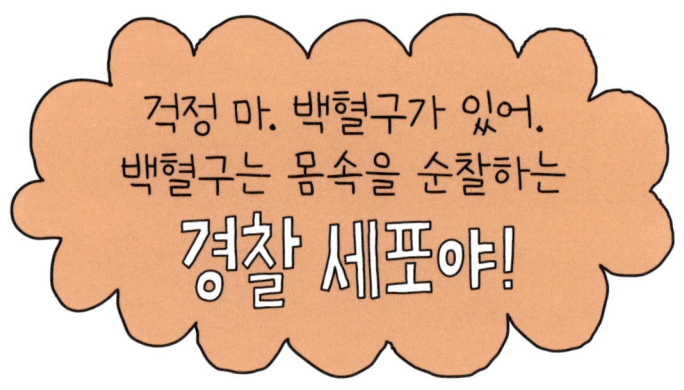

걱정 마. 백혈구가 있어.
백혈구는 몸속을 순찰하는
경찰 세포야!

바이러스가 나타나면 백혈구들이 순식간에 출동해!
백혈구 세포가 **항체**를 만들어.
"항체가 뭐야?"
바이러스와 퍼즐 조각처럼 꼭 들어맞는 우리 몸속의 단백질이야.
항체가 바이러스를 꼼짝 못 하게 붙잡아!

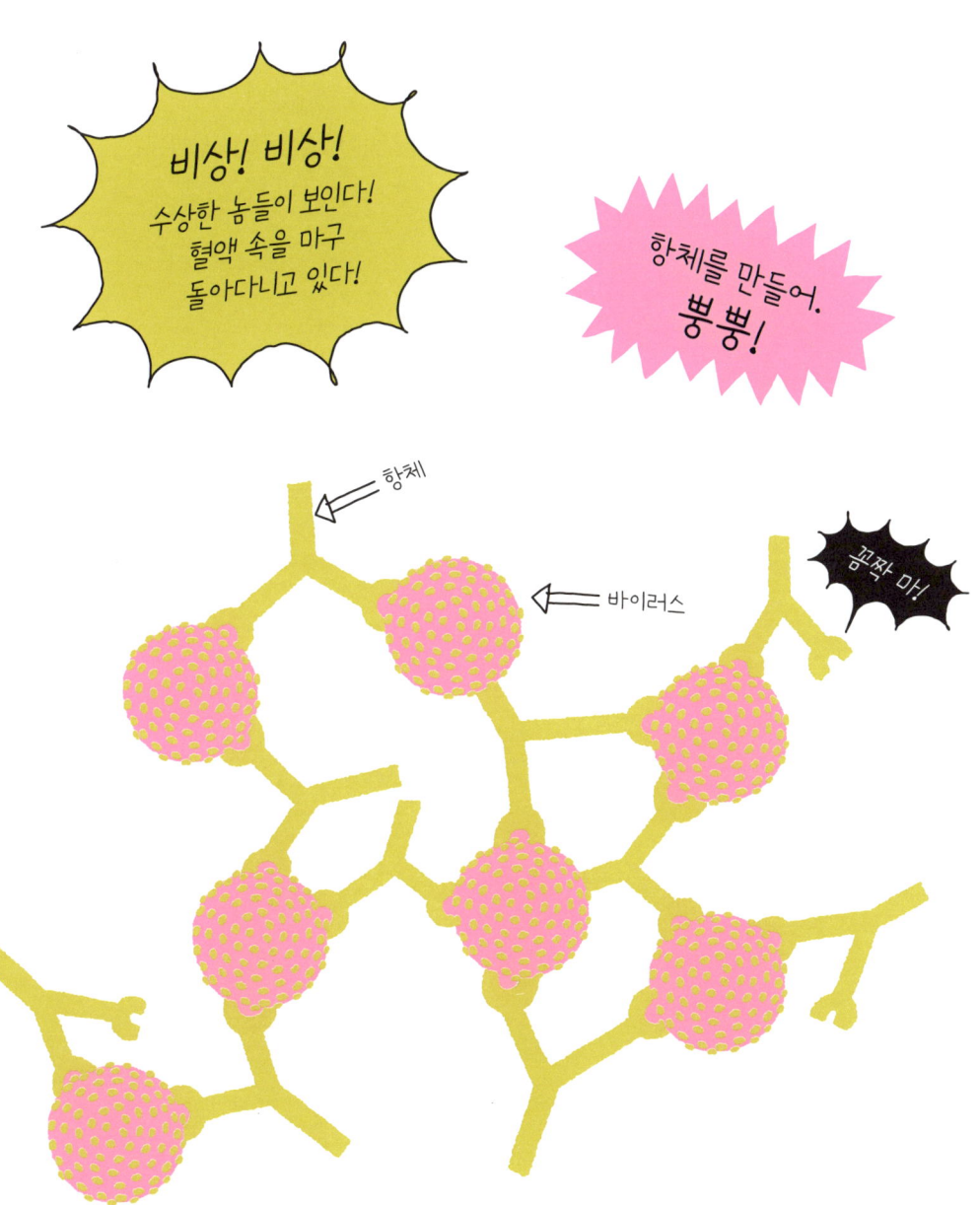

바이러스와 싸울 때, 백혈구가 꼭 이기는 건 아니야.
바이러스가 너무 빨리 불어나기도 하고, 면역력이 약해서 항체가 늦게 만들어지기도 해.
만약에 우리 몸속에 각종 바이러스에 대항할 항체를 미리 만들어 놓을 수 있다면 좋을 거야.
"어떻게?"
몸속에 일부러 바이러스를 넣어 주면 돼!
"우웩! 싫어!"
몸속에 일부러 바이러스를 넣어 주어서 세포들이 미리 항체를 만들어 놓게 하는 거야.
크크! 예방 주사 속에 바이러스가 한 움큼 들어 있어!
예방 주사 속에 **백신**이 들어 있어. 백신은 바로바로 시들시들 약해진 바이러스야!

1796년, 영국의 과학자 에드워드 제너 박사가 **예방 접종**을 발명했어.

어느 해 영국에 무시무시한 천연두 전염병이 돌았어. 사람들이 많이 죽고, 간신히 살아남은 사람들의 얼굴에는 곰보 자국이 끔찍하게 남았어.
그런데 이상한 일이야. 젖소를 돌보고 우유를 짜는 사람들은 천연두에 걸리지 않았어! 왜 그럴까? 제너 박사는 젖소와 우유 짜는 일꾼들을 관찰했어. 소들은 가끔씩 우두 병에 걸렸는데, 소를 돌보는 사람도 우두 병에 옮았어. 우두 병은 크게 무섭지 않아서 고름이 조금 생기다 나았어. 이상하게도 우두 병을 앓고 나면 천연두가 피해 가는 것 같았어. 제너 박사는 우두 병에 걸린 사람을 찾아가 고름을 조금 얻었어.

어떻게 되었을까?

천연두 균을 맞은 아이는 아무렇지도 않았어!

"어떻게 된 거야?"

제너 박사가 예방 주사의 원리를 알아냈어. 제너는 볼 수 없었지만, 몸속에 넣어 준 우두 바이러스 때문에 항체가 생긴 거야! 우두 바이러스는 천연두 바이러스와 비슷하게 생겨서 우두 바이러스 항체가 천연두 바이러스를 막아 주었어. 우두 바이러스와 천연두 바이러스는 모두 백시니아 바이러스 종류야. 그래서 예방 주사를 백신이라고 부르게 되었어! 하지만 백신은 바이러스에 감염되기 전에만 소용이 있을 뿐이야. 바이러스에 감염된 다음에는 어떡하지? 과학자들이 머리를 맞대고 연구하고 있어.

바이러스는 치료보다 예방!

09 돌연변이 바이러스가 나타났다!

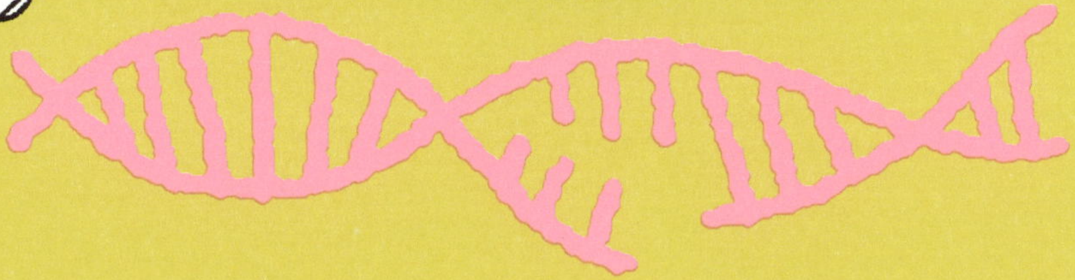

열대 우림의 어느 동굴 속에 박쥐들이 살고 있었어.
박쥐 가문은 대대로 에볼라 바이러스에 감염되었지만 무사했어.
에볼라 바이러스는 말썽을 일으키지 않고, 이따금 몇 개씩만 복제될 뿐이었거든.
뭐, 감염되어 별로 위험하지 않은 바이러스도 얼마든지 있어.
그렇게 대대로 에볼라 바이러스는 박쥐 세포 속에서 그럭저럭 소리 소문 없이 살았어.
어느 날 에볼라 바이러스가 **돌연변이**를 일으키기 전까지는 말이야.

모든 생물에게 언제 어디서나 돌연변이가 일어나.
유전자에게 조금 돌연변이가 일어나도 세포들이 즉각 즉각
수리해. 하지만 언제나 완벽하게 되는 건 아니야. 그러면
유전자가 조금 바뀐 채로 자손에게 유전자를 물려줘.
돌연변이가 유전되는 거야.

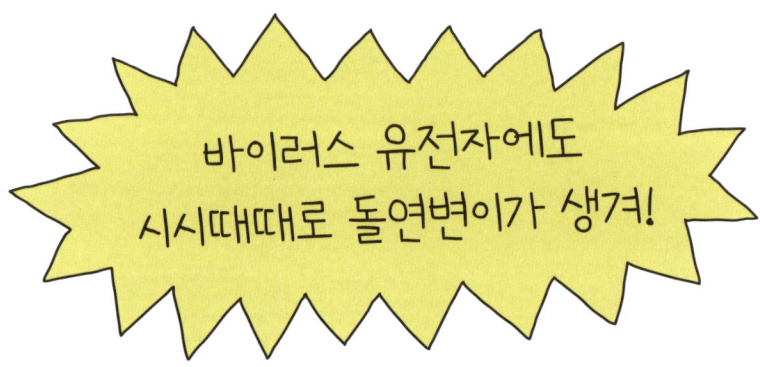

바이러스 유전자에도
시시때때로 돌연변이가 생겨!

"어떻게?"
아주아주 조그만 바이러스 세상이지만, 바이러스에게도
세상은 몹시 변화무쌍해. 유전자가 복제될 때 실수가 생겨.
사건과 사고가 끊임없이 일어나.

바이러스가 날아가고,
부딪히고 흔들려!
유전자가 찢어지고,
끊어져!
유전자가 뒤섞여!

때때로
두 종류 바이러스가
세포 하나에
들어가기도 해.

이쪽의 유전자와
저쪽의 유전자가 섞여.

잡종 바이러스야!

에볼라 바이러스에게 바로 그런 일이 일어났어! 원래는 박쥐 속에서 얌전히 살던 바이러스가 돌연변이를 일으켜 사람의 세포에 들어가게 된 거야! 돌연변이 에볼라 바이러스는 사람의 세포에 들어가 무서운 출혈열을 일으켰어.
에볼라 바이러스에 감염된 사람들은 엄청난 고통에 시달리며 손쓸 틈도 없이 사망해. 열과 끔찍한 두통, 구토, 복통에 시달리고 코와 입과 창자에서 피가 쏟아져.
100명 중에 95명꼴로 사망하고 말았어.
바이러스 세계에 위험한 돌연변이가 자꾸자꾸 일어나고 있어!

10 판데믹이 온다!

세상에서 가장 위험한 바이러스가 뭘까?
"가장 힘센 바이러스야!"
아니야.
"가장 숫자가 많은 바이러스야!"
아닐걸.
"가장 커다란 바이러스야?"
아니.
"가장 뾰족한 바이러스야?"
글쎄.
"그럼 뭐야!"

인플루엔자 바이러스 H5N1은 유명한
조류 독감 바이러스야. 전염성이 아주 강해. 닭똥 1그램 속에
들어 있는 바이러스가 닭 백만 마리를 감염시킬 수 있어.
원래는 오리, 닭, 기러기, 야생 조류에게 감염되는
바이러스였는데 돌연변이를 일으켜 최근에 사람에게도
감염되었어. 바이러스에 감염된 사람들 중에 절반이 넘게
죽고 말았어.
아직 사람에서 사람으로 전염된 일은 없지만, 언제
돌연변이를 일으켜 감기처럼 쉽게 퍼지는 바이러스가
될지 몰라.

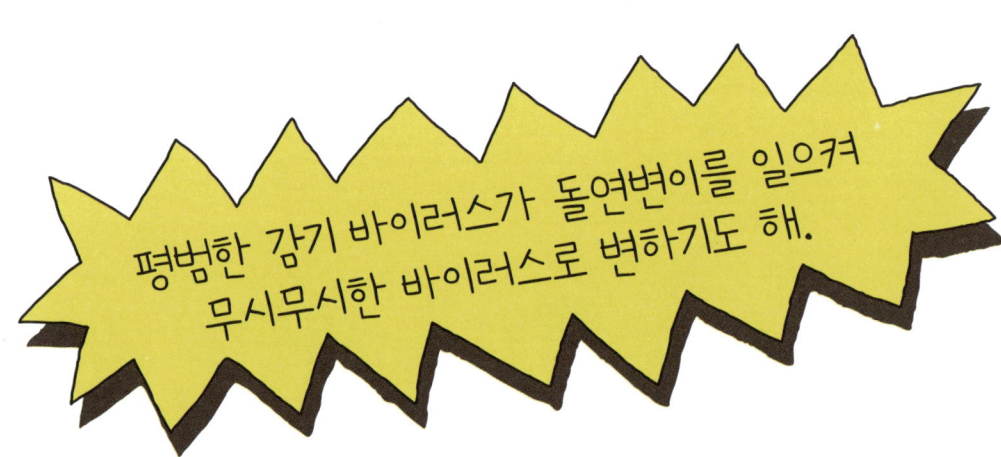

평범한 감기 바이러스가 돌연변이를 일으켜
무시무시한 바이러스로 변하기도 해.

인플루엔자 바이러스 H1N1은 돼지 독감 바이러스야. 사람, 돼지, 새에 두루두루 감염되는 흔한 바이러스지. 치사율은 높지 않지만, 너무 흔하고 자주 감염되기 때문에 언제 돌연변이가 일어나서 치사율이 높은 바이러스로 변신할지 몰라. 만약 치사율이 높은 조류 독감 바이러스와 유전자가 뒤섞인다면, 순식간에 가장 위험한 바이러스로 등극할 거야.

사스와 **메르스 바이러스**는 동물 속에 있던 평범한 감기 바이러스였어. 그런데 돌연변이가 일어나 사람에게 고열과 호흡 곤란을 일으키는 치명적인 바이러스가 되었어. 사스는 2002년 중국에서, 메르스는 2012년 사우디아라비아에서 처음으로 발견되었어. 신종 바이러스라서 과학자들도 아직 백신을 만들지 못했어.

코로나 바이러스는 감기를 일으키는 평범한 바이러스야. 하지만 자꾸 돌연변이가 일어나 무서운 신종 바이러스로 돌변하고 있어. 사스, 메르스, 코로나19 모두 신종 코로나 바이러스가 일으킨 세계적인 전염병이야. 사스는 치사율 9.6퍼센트, 메르스는 치사율 36퍼센트를 기록했어. 코로나19는 치사율이 높지 않지만 전염성이 훨씬 더 강해.

위험한 바이러스 대회

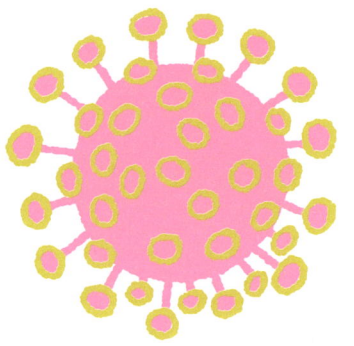

인플루엔자 바이러스 H5N1
(조류 독감 바이러스)

치사율이 60퍼센트.
언제 돌연변이를 일으켜 인간에서 인간으로
전염되는 무시무시한 바이러스가 될지 몰라!

위험 가능성 ★★★★★

인플루엔자 바이러스 H1N1
(돼지 독감 바이러스)

치사율 1퍼센트라고 우습게 보지 마!
전염이 너무 잘 돼. 백만 명이 감염되면 만 명이
죽는다는 이야기야! 심지어 2008년에 돌연변이를
일으켜 무서운 신종 플루 바이러스를 탄생시켰어.

위험 가능성 ★★★★

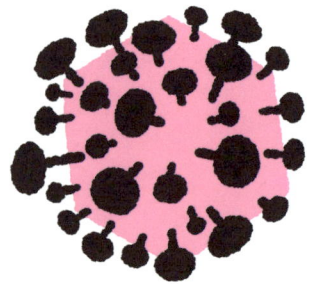

인간 면역 결핍 바이러스
(에이즈 바이러스)

수십만 년 동안 침팬지 몸속에 있었어.
100년 전에 인간의 몸으로 옮겨 와
전 세계로 퍼졌어.

위험 가능성 ★★★★

코로나 바이러스

동물 속에 있던 평범한 바이러스가 돌연변이를 일으켜 치사율이 높은 신종 바이러스가 되었어. 벌써 사스와 메르스, 코로나19를 유행시켰어.

위험 가능성 ★★★

천연두 바이러스

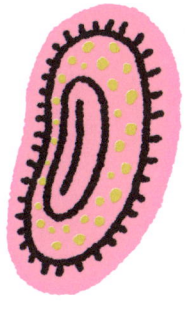

사람과 사람 사이에 전염되는 치명적인 바이러스야. 지금은 모두 박멸되었지만 천연두 바이러스 한 개가 미국의 연구소에, 또 한 개가 러시아의 연구소 냉동실에 연구용으로 감금되어 있어.

위험 가능성 ★

광견병 바이러스

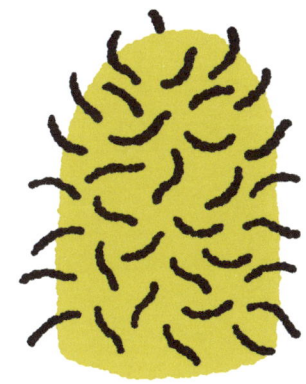

치사율 100퍼센트!
개, 고양이, 박쥐를 감염시키는 바이러스야. 광견병 바이러스에 감염된 동물들에게 물리면 사람도 감염될 수 있어. 하지만 가장 무서운 바이러스는 아니야. 사람에서 사람으로 전염되지 않아.

위험 가능성 ★

바이러스 공포가 확산되고 있어.
인간을 병들게 하는 신종 바이러스가 점점 늘어나고 있어.

판데믹이 다가와!

"판데믹이 뭐야?"
무시무시한 대유행 전염병이야!

과학자들과 세계 보건 기구가 '판데믹'이라는 용어를 만들고 판데믹이 닥칠까 염려하는 건, 예전에는 없었던 신종 바이러스가 자꾸 등장하고 있기 때문이야.
바이러스는 돌연변이를 잘 일으키고 언제나 진화해 왔는데, 위험한 신종 바이러스가 왜 갑자기 늘어나는 걸까?

바이러스에게 무시무시한 속도로 돌연변이가 일어나고 있어. 유전자들이 마구마구 뒤섞이고 있어. 자연적으로 일어날 수 있는 것보다 더 자주, 더 빠르게! 바이러스 유전자들이 빠른 속도로 새로 조합되고 있어!

바이러스 혁명은 바이러스가 일으킨 게 아니야. 인간들 때문이야. 인구가 늘고, 사람들은 너무 많이 도시에 모여 살아. 가축을 대량으로 사육해. 항생제 가득한 사료를 먹고, 햇빛도 제대로 보지 못하고, 면역력이 떨어진 가축들을 온갖 바이러스가 공격해.

아프리카에서는 야생 동물을 사냥해서 시장에 내다 팔아. 지저분한 야생 동물 시장에서 동물들의 시체가 뒤섞여. 바이러스가 뒤섞이고 있어. 에이즈 바이러스, 에볼라 바이러스가 생겨났어!

바이러스의 유전자가 뒤섞여!

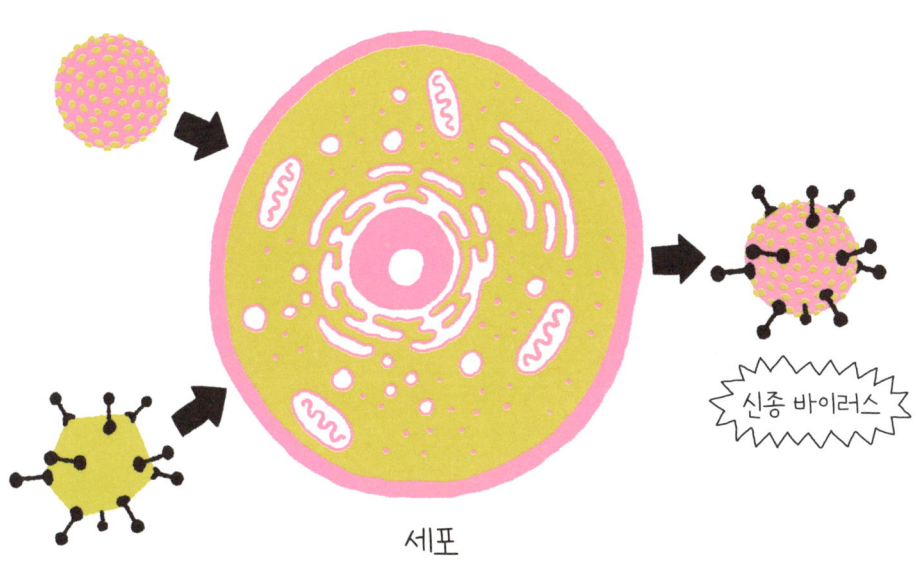

세포

신종 바이러스

바이러스 두 종류가 세포 안에 들어가 섞여.
새로운 바이러스로 튀어나와.

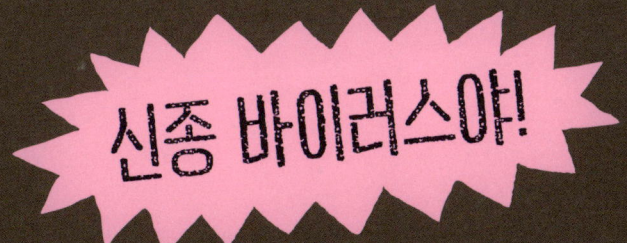

신종 바이러스야!

신종 바이러스가 여기저기서 출몰해. 21세기 바이러스는 너무 멀리 간다고! 버스, 기차, 비행기, 배를 타고 인간에게 들키기 전에 하루에 수천 킬로미터 퍼져 나가.
어떡하지? 너무 멀리 떨어져 있어 한 번도 만난 적 없던 바이러스들끼리 유전자를 나누고, 뒤섞일 위험한 기회가 점점 늘고 있어!

11
인공 바이러스 만들기

어느 날 너에게 실험실 제조 인공 바이러스가 택배 상자로 배달될지 몰라.

상자를 열면 ㅋㅋㅋ.

과학자들이 실험실에서 신종 바이러스를 만들고 있어. 인공 바이러스로 인류가 멸망할지도 몰라.

"헐!"

물론 그런 일은 일어나지 않았어. 하지만 온갖 인공 바이러스를 합성하는 기술이 완성되었고, 과학 연구가 나쁜 집단에게 흘러 들어간다면 얼마든지 일어날 수 있는 일이야.

"안 돼!"

어떻게 인공 바이러스를 제조할까? 새로운 플라스틱을 만들 듯이 새로운 바이러스를 만들 수 있을까? 원하는 유전자만 모아 인공 바이러스를 합성할 수 있을까?

미국의 생물 에너지 대안 연구소에서 겨우 14일 만에 인공 바이러스를 제조했어.
"인공 바이러스로 무얼 해?"
아무것도 안 해! 그냥 만든 거야. 인공 바이러스를 만들 수 있나 없나 해 본 거야!
2008년에는 조금 더 쓸모 있는 인공 바이러스를 만들었어. 한국의 과학자들이 암세포 킬러 인공 바이러스를 제조했어. 암세포 킬러 바이러스는 암세포로 들어가서 암세포의 유전자가 작동하지 못하도록 방해해.
킬러 바이러스는 정말 웃기게 생겼어.

2011년에는 미국의 연구팀이 위험하기 짝이 없는 돌연변이 바이러스를 제조했어. 인플루엔자 바이러스 H5N1에 돌연변이를 일으켜서 사람에서 사람으로 전파되게 했어. 인공 돌연변이 인플루엔자 바이러스 H5N1은 실험실 냉장고 밖으로 나올 수 없도록 잘 감시되고 있어.
"휴, 언제까지나 그러길 바라."
하지만 누군가의 실수나 사고로 실험실 밖으로 나오게 된다면 정말로 큰일이야! 돌연변이 바이러스가 테러리스트에게 들어갈 수도 있잖아. 사람을 감염시키고 전염병이 걷잡을 수 없이 퍼진다면…….

> 과학자들은 바보가 아니야!
> 위험한 연구인지 알면서도
> 하고 있는 건
> <u>자연에서 괴물 바이러스가
> 저절로 얼마든지
> 만들어질 수 있기
> 때문이야!</u>

강력하고 치명적인 바이러스가 순식간에 전 세계로 퍼질지
몰라. 백신도 없고, 치료 약도 없고, 어떤 바이러스가
원인인지도 파악하지 못해서 허둥지둥하면 어떡해!
위험한 바이러스에 대처하기 위해 인공 바이러스 제조
연구가 필요해!

과학자들은 훗날 어떤 강력한 돌연변이가 일어날지, 바이러스가 어떻게 진화할지 연구해. 돌연변이 바이러스가 출현하는 것보다 한발 앞서 백신을 개발할 수 있기를 바라. "제발!"

12 바이러스는 인간의 적일까?

괴물 바이러스가 진화해서 인류가 좀비가 되는 날이 닥쳐오면 어떻게 하지?

바이러스는 작고 작아.
눈에도 보이지 않고, 개미 한 마리 던져 버릴 힘도 없어.
바이러스 혼자서는 아무 짓도 못하는걸.
하지만 우리는 바이러스를 두려워해!
보이지 않는 바이러스가 우리를 슬금슬금 끔찍한 고통 속에 빠뜨려. 신종 바이러스가 탄생하고 순식간에 퍼져도, 우리는 바이러스를 죽일 수 없어. 시시때때로 돌연변이를 일으켜. 백신조차 소용없다면 괴물 바이러스를 막을 방법이 없어.

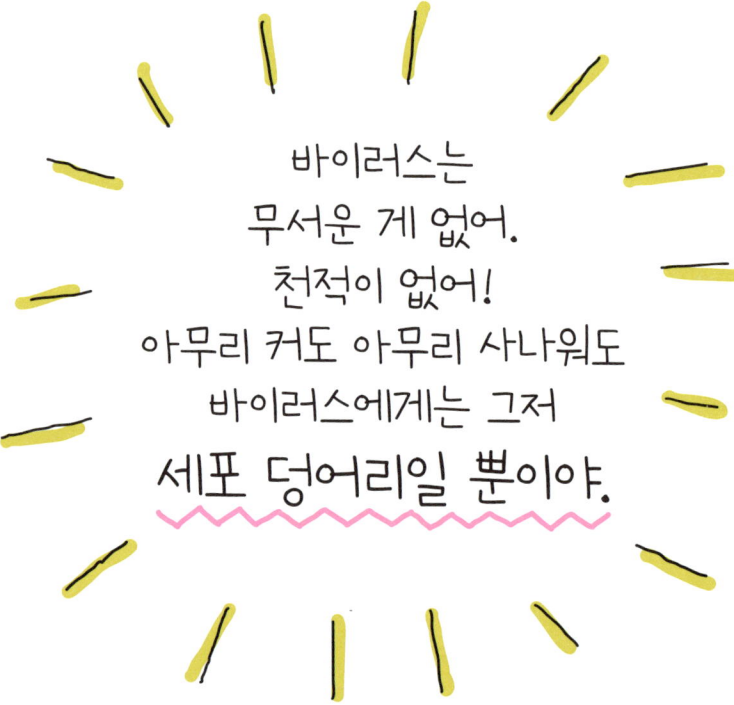

바이러스는
무서운 게 없어.
천적이 없어!
아무리 커도 아무리 사나워도
바이러스에게는 그저
세포 덩어리일 뿐이야.

바이러스에게 눈이 있다면 세균도, 벌레도, 고래도, 사람도 세포 뭉치로만 보일 거야. 바이러스는 세포 덩어리를 공격해. 인간이 인공 지능을 만들고, 로봇을 만들고, 최첨단 무기를 만들어도 바이러스는 콧방귀도 안 껴.
핵전쟁이 일어나고, 인류가 멸망하고, 지구가 쓰레기 더미가 된다 해도 바이러스는 상관도 안 해.
지구에 세균 한 개만 있으면 돼.
바이러스가 스멀스멀 세균 속으로 들어가 복제를 시작해!

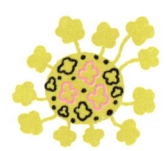

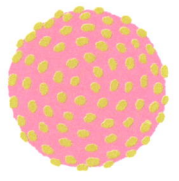

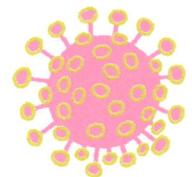

마지막 세균 한 개가 지구에서 사라져도

바이러스는 남아서 지구를 떠돌 거야.

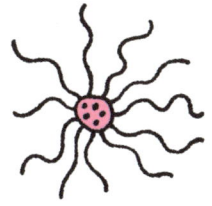

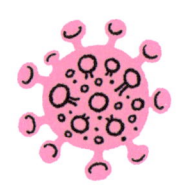

우주 먼지에 섞여 날아올지 모를
세균 한 개를 기다리며.

참고 문헌

이재열, 《바이러스 삶과 죽음 사이》, 지호, 2005

윌리엄 K. 퍼브스 외, 이광웅, 강봉균 외 역, 《생명: 생물의 과학》, 교보문고, 2006

칼 짐머, 이한음 역, 《바이러스 행성》, 위즈덤하우스, 2013

이재열, 《바이러스는 과연 적인가?》, 경북대학교 출판부, 2014

네이선 울프, 강주헌 역, 《바이러스 폭풍의 시대》, 김영사, 2015

피터 피오트, 양태언 외 역, 《바이러스 사냥꾼》, 아마존의 나비, 2015

앤드류 니키포룩, 이희수 역, 《바이러스 대습격》, 알마, 2015

린 마굴리스, 도리언 세이건, 김영 역, 《생명이란 무엇인가》, 리수, 2016

나카야시키 히토시, 김소연 역, 《종의 기원 바이러스》, 영림카디널, 2017

짐, 알칼릴리, 존조 맥퍼든, 김정은 역 《생명, 경계에 서다》, 글항아리 사이언스, 2017

미래가 온다 시리즈는 공상이 아닌 과학으로
미래를 배우는 어린이 과학 교양서입니다.

01 미래가 온다, 로봇
김성화·권수진 글 | 이철민 그림

02 미래가 온다, 나노봇
김성화·권수진 글 | 김영수 그림

03 미래가 온다, 뇌 과학
김성화·권수진 글 | 조승연 그림

04 미래가 온다, 바이러스
김성화·권수진 글 | 이강훈 그림

05 미래가 온다, 인공 지능
김성화·권수진 글 | 이철민 그림

06 미래가 온다, 우주 과학
김성화·권수진 글 | 김영곤 그림

07 미래가 온다, 게놈
김성화·권수진 글 | 조승연 그림

08 미래가 온다, 인공 생태계
김성화·권수진 글 | 김진화 그림

09 미래가 온다, 미래 에너지
김성화·권수진 글 | 이철민 그림

10 미래가 온다, 서기 10001년
김성화·권수진 글 | 최미란 그림

11 미래가 온다, 플라스틱
김성화·권수진 글 | 백두리 그림

12 미래가 온다, 기후 위기
김성화·권수진 글 | 허지영 그림

13 미래가 온다, 신소재
김성화·권수진 글 | 권송이 그림

14 미래가 온다, 스마트 시티
김성화·권수진 글 | 원혜진 그림

15 미래가 온다, 매직 사이언스
김성화·권수진 글 | 백두리 그림

16 미래가 온다, 심해 탐사
김성화·권수진 글 | 김진화 그림

17 미래가 온다, 탄소 혁명
김성화·권수진 글 | 백두리 그림

18 미래가 온다, 메타버스
김성화·권수진 글 | 이철민 그림

19 미래가 온다, 미래 식량
김성화·권수진 글 | 박정섭 그림

20 미래가 온다, 대멸종
김성화·권수진 글 | 이철민 그림